Paul Gisi
Das Universum setzt Segel
Gedichte

Books on Demand

Bibliographische Information der Deutschen National-
bibliothek: Die Deutsche Nationalbibliothek verzeichnet
diese Publikation in der deutschen Nationalbibliogra-
phie, detaillierte bibliographische Daten sind im Internet
über http://dnb.dnb.de   abrufbar.

© 2017 Autor: Paul Gisi
Umschlagbild Ludwig Weibel
Herstellung und Verlag:
BoD – Books on Demand, Norderstedt
ISBN 9783744867603

Paul Gisi

Das Universum
setzt Segel

Gedichte

Inhalt

I Teufelsrochengezähnte Nacht
5

II Nachbemerkung
79

III Das Universum setzt Segel
81

IV Ein paar individuelle Gedanken
zu meiner Lyrik
129

I

Teufelsrochengezähnte

Nacht

Der dunkle Schmerz
leuchtet
in der Nacht -

noch halten mich
Gegensätze
i n e i n s gefallen
am Leben

*

Ich suche dich
kleiner Feuerwurm
in den Korallenriffen
der Liebe

dies enthält
die gesamte
sinnliche Leerheit
aller Phänomene

*

Verschleiert
und umhüllt
die Vollendung

der Smaragdpanzerwels
lacht
lacht wie noch nie

*

Frei vom Körper
von Gefühlen und Gedanken
bin ich wie ein Vogel
in den Lüften

Grashalme und Steine
enthüllen
die Vision

*

Wurzelfüsser
festen das Leben

ich suche den Pfad
der dunklen Erleuchtung

*

Alle meine Gewohnheiten
aufzugeben
wäre eine gute Sache
denkt sich
die Borstenlaus

in deiner Hand
glüht das All

*

Ich betrachte dich
mit den Augen
der Imagination
- und liebe dich

*

Nackt zu nackt -
der Flohkrebs
schreibt
dem Zwergdrachenflosser
einen Liebesbrief

befreien wir
den Geist
des Herumirrens
in der untergehenden Sonne

*

Ich werfe mich
ins Feuer
der Nacht
stürze mich
in die Glut
der Zeitlosigkeit

fern
in mir
rauscht der Strom
der Wirklichkeit
e i n s geworden
in den Gegensätzen

*

Krötenfrösche Kugelfische
Grossaugenbarsche
Mangrove-Schlammspringer
besuchen mich nachts

tagsüber
fliege ich
mit den Marabus fort

- immerzu zu dir
wo du auch bist

*

Verweile
im klaren Licht
auch wenn die Nacht
auf tausend Füssen
dich in die Leere
in die Dunkelheit
der Täuschungen
verführen will

*

Ich trinke
aus einer Tontasse
Tee
und denke mir
alles ist Spiegelung
Gaukelspiel

- ausser ich halte
deine Hand

*

Lichtundschattenschraffiert
Gaetano Donizettis
L u c r e z i a   B o r g i a

morgen
will ich
mein Leben ändern

*

Die Seelilie
schreibt
dem Geigenrochen
einen Liebesbrief

der Geist ist offen
für das
was wird

*

Ich suche den Pfad
der Vollendung
inmitten
von Koboldmakis

*

Ich reiche dir
meine Armut

der Zahnkärpfling
in Küstennähe
winkt mir zu -
losgelöst von allem

*

DieTeufelsblume*
lauert
auf Beute -

der Kosmos
lacht

* *Eine afrikanische Fangschrecke*

*

Wir fallen
in den Augenblick
des Brands

das Wort
ist eine aufgeworfne Lippe

Meer und Erde
werden e i n s

*

Licht fällt
wie Laub
von den Bäumen

Balakirews
erstes Klavierkonzert
im Nebel

Dunkelheit
fasst dich
an der Hand

*

Alle haben mich verlassen
nur ein Schleierkärpfling
winkt mir zu

es gilt
das wahre Wesen
zu erkennen
in der Wandlung
im Innern

*

Was für eine Harmonie
in der Dissonanz
zwischen Geburt und Tod

*

Eine Konzertarie
Mozarts
durchtaumelt
mein Herz
als flügelte
ein Licht
durch mich

*

Mir dir
Azurblauer Dornschwanzleguan
räubere ich
durch Urwälder
und Grossstadtquartiere
auf dem Weg
der innern Erfahrung

- hin zu den Wolken
der Illusion

*

Ausgebrannt -
fern sehe ich
ein Feuer
in mir
teuflisch k a l t

*

Wenn ich
nichts mehr weiss
suche ich dich
kleiner Marmormolch
um mit dir
zu tanzen
in der Nacht

*

Die Sonne
ruht sich aus
im Schwalbenschwanzleguan

ich pflücke
das Licht
unglaublich
hoch hängend

*

Erschöpft
sitze ich da
wie ein alter Schlammspringer

befreit vom Körper
erhasche ich dennoch
für ein paar Augenblicke
Erleuchtung

*

Gib die Gewohnheiten auf
befreie dich
von allen Erscheinungen

*

Zwischen Tod
und Wiedergeburt
tanzt das Einzelne -

Selbstentwerdung

es geht um das Licht
des Alls

*

Erleuchtete Energie
in den Fibrillen
des Kosmos

der Ochsenfrosch
quakt
vergnügt

*

Ich versenke mich
mit dem Igelfisch
in dich
Illusion
und finde
neue Aufhellungen

*

Beraubt
aller Hoffnung
klopfe ich
an dein Herz

die Kerze
flammt auf
wie eine Sonne

die Erscheinungsformen
sind Gaukelspiele
der Nacht

*

Gefangen
in der Verblendung -
Befreiung im Dasein

der Feuerwurm
hat viel
zu tun

*

Angst
umkrallt
meinen Hals -

ich lichtdurchfluteten
kristallklaren Raum
begegne ich dir
Illusion

Gegensätze
umarmen sich

*

Befreit
von allem Vorgetäuschten
und allen Bindungen
lacht
die alte Spinne

für einen Augenblick
ruht das Weltall aus

*

Wir sind
verwoben
mit allen Wesen
Helles und Dunkles
strömt in mir

ein Bauchhaarling
lacht
und winkt mir zu

*

Der Tiefseeteufel
kennt
das Leben

ich habe
alles vergessen

doch ich weiss
wo du wohnst

*

Eine Augenkoralle
sinniert
über die klare Natur
des Geistes

*

Die Sinnenwelt
mit vollen Zügen
zu geniessen
diesseits aller Möglichkeiten
ist mir Lust und Glück

die Weisheit
der Seligkeiten
erfüllt sich
in den Leerheiten
in den Unwissenheiten
des Augenblicks

*

Asselspinnen
winken
dem Universum zu

ich schreibe
mein Testament

*

Im Traumtaumelwahn
umarme ich dich
kleiner Strudelwurm
in der Vervollkommnung
des Geistes

*

Ich bin
an manchen Orten
zugleich
in Höhlen
und in den Wolken -

der Alligatorsalamander
lacht

*

Antonio Vivaldi
entflammt
meine Nacht

- süssirre Betörung
in mir

*

Ich zerstosse
im Mörser des Herzens
Entstehen und Vergehen -

halte
deine Hand

*

Ich werfe mich
in die Mitte
der Leere
als ob es das gäbe

als ob die Leere
Fülle wäre

*

Der Einsiedlerkrebs
liest Apokryphen

Buddha lacht

*

Der Kugelfisch
singt eine Arie

meine Worte
fallen
ins Schweigen

*

Ich versuche
mich zu befreien
in der Verschmelzung
von Geist und Nichts

*

Du bist mir
Sinnbild
für die Unsterblichkeit
kleine erleuchtete Qualle -

ich singe mit dir

        *

Lichtgeädert
das Leben
der Tod

das Wort
ist salzig geworden
schwer wie Blut

*

Sinnestäuschungen
und Leere
im Angesicht
des Universums -

ich geniesse alles
und bleibe
f r e i

*

Vielzähler N a c h t
geistert
durch meine Ganglien

in den Verwandlungen
steigt
Befreiung auf

*

Der Tiefseedrache
schwimmt allein
durch den Ozean

Erleuchtung
wurde ihm
noch nicht zuteil

*

François-Joseph Gossecs
G r a n d e M e s s e d e s M o r t s
überflutet mich

Leben und Tod
werden e i n s

*

Zwischen Erfüllung
und Leiden
erinnere ich mich
an dich

*

E i n s
mit der leeren Natur
umarme ich dich
kleines Gespensterkrebschen

*

Teufelsrochengezähnt
die angstdurchzogne Nacht

irgendwo
wäre
das klare Licht
zu finden

*

Der Riffbarsch
schreibt
einen Liebesbrief
höhleneingedunkelt
unlesbar

ich verstehe ihn

*

Die Zähne
der Nacht
beissen sich
in den Augenblick
fest

am Morgen
erreiche ich
unerwartet
eine Erleuchtung

*

Wenn sie sterben
meine Lebensgeister
werde ich
nocheinmal tanzen
am andern Ufer
der Nacht

*

Aus den Wortrissen
giftpilzt
Angst

*

Lustvoll
züngelt die Nacht

e i n s
mit dem Geist
trete ich dir
N I C H T S
gelassen gegenüber

*

Die alte Schildkröte
sinniert
über Erde Wasser
Feuer und Luft

ich lache
und tanze
mit dir

*

Ichlos
zu werden
in der höchsten Wirklichkeit -

mein Weg
ist noch lang
seufzt
die Amöbe

*

Die Formen
der Wirklichkeit
sind mit den Worten
verweht -

in den Augenblicken
der Befreiung
tanze ich
in alle vier Himmelsrichtungen
hinein

*

Abgeblättert
die Farben
des Herzens
des ziellos
umherirrenden Geistes

die Nacht
dauert an

*

Im Gleichgewicht
schwebend
die entlaubten Gedanken

der Fluss
strömt vorbei
als sei nichts geschehn

*

Im Wipfel
der Kiefer
singt
der Vogel

ich halte sanft
die Melodie
in der Hand

*

Ein Waldsalamander
zischelt
durchs Gehölz

die Erde
ist ein Staubkorn
das Universum
ist ein paar Staubkörner mehr

in mir
- sehr fern -
findet das Sterben
Auferstehung

*

Licht
igelwurmt
über die Höhlenwand

Innen und Aussen
fallen zusammen

*

In alle Richtungen
in mir
versickern
die Aspekte
der Vollkommenheit
in den Gestalten
des Nichtgreifbaren
ohne dass ich
das Ganze
s e h e

*

Im Wind
der Erkenntnis
lacht das Glück
bei sich selbst zu sein

II

Nachbemerkung

Zu meinen Gedichten in „Teufelsrochengezähnte
Nacht": „Es ist ein Spagat zwischen meiner Liebe
zu Feuerwürmern, Kiemenfüssern, Wollkrabben,
Quastenflossern, Froschlurchen, Vielstachlern und
den Wirrnissen, Irrnissen, Täuschungen und
Erfüllungen auf dem buddhistischen Pfad der
Erleuchtung. Meine Liebe zu Igelwürmern,
Ruderfusskrebsen, Königskrabben, Spinnenasseln,
Pfeilhechten, Schlangenmakrelen,
Laternenfischen ist eine Verneigung vor der Natur
- denn sie alle tanzen mit Quasaren, Sternbildern,
Planeten, Kometen, Meteoren, Sternen, Sonnen;
interplanetare Materie wuselt mit allem, was da
kreucht und fleucht. Begriffe wie ‚Gross und
‚Klein' heben sich auf, fallen i n e i n s zusammen
im Schnittpunkt des menschlichen Geistes, in den
Auffächerungen der Seele, in der Bildsprache des
Traums. ‚Teufelsrochengezähnte Nacht' mag,
philosophisch gesehen und in den
Metaphernevokationen, anspruchsvoll und neu
sein. Das dualistische Denken wird aufgehoben
für das Ineins des gesamten Seins - in der Sprache
der Lyrik."

III

Das Universum setzt Segel

Ich schreibe
deinen Namen
auf ein Blatt Papier

segle
ins Ungewisse

*

In der Flussversickerung
versinkt
das Wort

stumm lieben wir uns
in der fernen Brandung

*

Wind harft
in deinen Haaren
in der Tonart
der Liebe

*

Im Tagebuch
der Meduse
steht Allerlei

der Schatten
im etruskischen Tempel
wächst

*

Ich habe Sternnebel
in der Hosentasche
- für dich

das Licht
in deinen Augen
weist mir den Weg

vor dir
darf ich
wortlos sein

*

Dvořáks Sinfonien
wie Gestreifte Buntbarsche
in meinem Blut

mit Platon
über die Hedonisten
zu schimpfen
tut so gut

*

Meine Lippen
wellen
über die Kantilene
deiner Brüste

*

Tanzende
Schmetterlingsbarben
in deinen Augen

unsre Lippen
finden sich

*

Fallwind
auf die Tallandschaft
deiner Brust

das Universum
setzt Segel

*

Liebe
riffelt

die Nacht auf

verwundert
schauen wir uns an

*

Ein Quasar
pocht an meine Tür -

bei Belcanto
Wein und Pfeife
entwerfen wir
eine neue Astronomie

*

Zodiakallicht
von mir zu dir -

das unbekannte Wort
glüht auf

jetzt zu singen
wäre vonnöten

*

Flockenleicht
dein Wort
im Schweigen

die Hände
finden sich

*

Der Sturm
zerfetzt
die Windfahne

was übrig bleibt
ist nicht mehr
zählbar

*

Der Windpfeil
zeigt
ins Namenlose
dorthin
wo der Horizont
versinkt

*

Höhlensalmlernackt
umarmen
wir uns

die Evolution
entfaltet
noch vieles

*

SOMMER

Sienafarben
die Melodie -

die Sonne
paukt
irre Hitze
in die Blutbahnen

*

Im Tanz des Winds
krümmt sich
der Schmerz
zwischen uns

*

Deine Stirn
ist mir
die Hochtakelung
meines Segelschiffs

das Sternbild
E i n h o r n
flackert in meiner Hand
als Geschenk
für dich

*

Der Kosmos
atmet
in Luigi Cherubini

lass mich
ein paar Schritte
mit dir gehen

*

Du bist
die Windbö
stürzend
ins Namenlose

du bist
in mir

*

Zwischen Warmfront
und Kaltfront
blutet
die Welt

derart
aussichtslos
ist alles

*

Ich schenke dir
das Universum
ein paar brennende Kieselsteine

*

Vielleicht
sinds die Vögel
die über Saint-Rémy-de-Provence
fliegen
leicht und ohne Schmerzen
in die Farben
van Goghs

- in die Mitte
der Verlorenheit

*

Ich stopfe
den Wind
in meine Pfeife
und fliege
zu dir

*

Das Narzissenblütige Windröschen
verbirgt
ihr Gift

tun wir nicht so
als ob die Natur gut wäre

*

Windpockenviren
lauern
dir auf -

dunkel
lodert
die Nacht

*

Franz von Suppés Requiem
nistet sich
in mein Herz ein

ein Lichtbogen
rundet sich
vom Wiesengoldstern
bis zu mir

*

Licht
spannt sich hin
zwischen dir und mir

der Wind
redet
Sanskrit

*

Ich blase
das Sternbild
K r a n i c h
in deine Haare

setze Segel
über deine Lippen
nachts
wenn ich verzweifelt bin

*

Sonnenuntergang
in Arles
wo Vincent van Gogh
gemalt hat -

die Sterne
stimmen ins Konzert
der *cigales* ein

*

Wir geben uns
die Hand
in den Sepiafarben
des Winds

tanzen
eng umschlungen

*

Mit den Farben
des Rotschwanzährenfischs
schreibe ich dir
einen Liebesbrief

im Unterschied
aller Erscheinungen
tanze ich
e i n s
mit dir

*

NACHT

Wir werfen uns
aufeinander zu
als ob es
ein Morgen gäbe

*

Du bist mir
nichts schuldig
Planetenstaub

ich weiss nichts
was du weisst
doch unsre Wege
werden sich finden

*

Wie ein Verrückter
greife ich nach dir
namenloses Wunder
in den Höhlen
meines Bluts

*

Wind silffert
übers Wasser

ich tauche
in dich hinein

*

Der heimtückische
Säbelzahnschleimfisch
versteckt sich
in der Nacht

erst in der Morgenröte
vielleicht
kommt Rettung
für dich und mich

*

Mozarts Konzert
für Flöte Harfe
und Orchester
in C-Dur KV 299
ist der hellste Stern
am Firmament

bei Sonnenaufgang
umarme ich dich

*

Mistral
in den Haaren

unterm blühenden Aprikosenbaum
schläft ein Schafhirte
und träumt
vom Tanz der Sterne
in den Augen
der Geliebten

*

Das Sternbild
S e g e l
bildend mit Hinterdeck
und Kiel
das Schiff der Argonauten
 - heller als tausend Sonnen -
winkt dem Quastenflosser zu

der schreibt unberührt
in seinem Tagebuch

*

Verwehte Spuren
in der Dämmerung

fern ziehen dunkle Wolken
vorüber
- nah in mir

*

Ich verneige mich
vor dir
Michelangelo

*

Im Lichtbruch
zuckt
das alte Herz

vergangen
zerstört
die Frühlinge

dennoch
suche ich dich
hoffend
auf Liebeslust

*

Schirokko
tobt
um die alten Gemäuer
der Abbaye de Montmajour

ich trinke
mit dir
Châteauneuf-du-Pape

*

Ich fliege
mit dem Sternbild
K r a n i c h
zu dir

Frédéric Mistral
raucht
eine Pfeife

die Flamingos
in der Camargue
behalten
ihr Wissen
für sich

IV

Ein paar individuelle Gedanken
zu meiner Lyrik

Der Rhythmus eines Gedichts ist wichtig, doch er ist für mich nicht dominant. Manchmal muss der Rhythmus zurücktreten zugunsten einer Aussageweise, einer Metapher, einer in sich stimmigen Wort- und Bildkomposition, die vielleicht eine gewisse Härte in der Verinnerlichung, in der Sprunghaftigkeit des polyphonen Orchestrierens hat. Manchmal nehme ich ein „Holpern" in Kauf. Gewiss ist für mich, ein Gedicht darf nicht begrifflich dürr sein, es muss möglichst NEU in den polymorphen Farbgebungen sein. Das Gedankenlastige mag ich in den Gedichten nicht, ich bevorzuge die impressionistischen und expressionistischen Rösselsprünge, nahe am Surrealen. Zudem suche ich immer wieder das spannungsreiche Ineinsfallen der Widersprüche, die Einheit von Gross und Klein; so werden mir Mikroben zu Galaxien (und umgekehrt). In der Lyrik gibt es für mich keine Dichotomie, keine Zweiteilung in Begriffspaaren, alles ist im andern e i n s. In der SINNLICHKEIT, die das Universum umfasst, blüht das Gedicht auf. Ich hasse auf teufelkommraus das Klischee, das Gedicht muss wie der erste Tag der Schöpfungsgeschichte sein. Ein Riffbarsch ist mir gleich lieb und wichtig wie ein Sternbild. Das Sternbild Rabe, südlich der

Jungfrau, lebt nicht nur „am Himmel", sondern pulst auch in meinem Blut, wird Wort auf meiner Zunge, Bild in den Augen eines geliebten Menschen. Meine Gedichte sind im Grunde alles Liebesgedichte an das Leben, an den Menschen, an die Farben und Melodien des Seins, wie ich es bruchstückhaft erlebe. Ich zittere vor Freude über ein schönes Musikstück, wenn ich an die Träume einer Gelbbauchunke denke, wenn ich Bilder von Chagall sehe. Alles ist der Rede wert - sofern sie nicht schon ausgesprochen worden ist. Ein gutes Gedicht darf in den letzten dreitausend Jahren nicht schon choreografiert, intoniert, ausgesagt, eingefärbt, komponiert sein. Ich suche den Anspruch, NEU zu sein. Nur was niemand ausser mir zu sagen fähig ist, lohnt sich aufzuschreiben. Alles andere wäre doch Kunstgewerbe, Handwerk, Kitsch, Paraphrase, Schwof. Könnte ich nochmals beginnen, würde ich unendlich VERRÜCKTER schreiben. Ich war in meinem Leben zu zahm, obwohl ich nie um Anpassungen schielte.

Der Planet Erde ist im bekannten Weltraum höchstens wie ein Stecknadelkopf auf dem amerikanischen Kontinent; wenn man das bedenkt, wird man sehr bescheiden. Und dann gibt es auf diesem Staubplaneten Erde Millionen von Analphabeten. In den globalen Intermedien beschränkt sich bald alles auf das Twittern: Was ist das doch für eine Schrumpfhaftigkeit des Geistigen, des Dominierens zur Lüge! Es geht heute nicht mehr um die Wahrheit, sondern nur um die Publizität. Schrilles und Grausames ist gefragt, das Leise und Sanfte hat keine Chance mehr. Der Kunstmarkt ist längst zu einem geilen Geldmarkt verkommen, Bilder mit einem

Materialwert von 50 Franken werden zu 800 000 Franken verkauft, das ist Pervertierung pur. Auch das kleinste, feinstgesponnene Gedicht muss gewaltig sein wie eine Kathedrale. Jedes Gedicht ist eine Kosmografie, weite Welten werden beschrieben, stellen sich selbst dar. Das Werden im Sein kommt zur Sprache, die Atembewegungen des Kosmos greifen Raum - am „Himmelszelt" wie auch in den Korallenriffen der Ozeane. Das Leben leuchtet sich aus, Verschattungen finden sich ein, Möglichkeiten werden ausgemessen. In der Orientierungslosigkeit kreisen Hintergründe. „Heiterkeit" gibt es nur in den Flammen des Ungestilltseins. Das Gedicht: Das Universum setzt Segel.

Werke von Paul Gisi

op. 101 „Nächte des Knurrhahns", Testament
der Leidenschaft.
Aphorismen, Fantasien, Briefe (2015)

op. 102 „Auf deinen Fingerbeeren tanzt das
Weltall", Liebesgedichte (2016)

op. 103 „Oleivo der Maler", Passagen aus
einem Künstlerleben, Prosa (2016)

op. 104 „Simon der Dichter", Teilsichten aus
einem Künstlerleben, Prosa (2016)

op. 105 „Lichthin in deinen schwarzen
Pupillen", Liebesgedichte (2016)

op. 106 „Ausgebrannte Erleuchtung",
Gedichte (2017)

op. 107 "Das Universum setzt Segel"
Gedichte (2017)

Alle bei Books on Demand erschienen.

**Zu beziehen im Internet oder in jeder
Buchhandlung.**

■■ ı

Paul Gisi wurde 1949 in Basel geboren. Lyriker, Schriftsteller, lebt in Rorschach (Schweiz)

zackenbarsch.gisi@gmail.com
www.zackenbarsch.ch